Lichterketten & Lampen

Barbara Huber

Licht, Balsam der Seele

Ohne Licht gäbe es kein Leben auf unserem Planeten. Wenn die Sonne scheint, fühlen sich die Menschen besser und haben häufig gute Laune. Schöne Lichtquellen beeinflussen uns positiv und schenken neue und starke Energie. Genießen auch Sie Stunden voller Licht und Inspiration.

Dekorieren Sie Ihre Räume mit neuen Lampen, geschmackvollen Lichterketten oder faszinierenden Lichtobjekten. In diesem Buch zeigen wir Ihnen viele leuchtende Beispiele. Alle Motive können Sie mit wenig Zeitaufwand und geringem Materialeinsatz basteln. Neue Lichtquellen, die man haben muss!

So wird's gemacht

MATERIALIEN,
die in Ihrem Haushalt vorhanden sein sollten. Diese Materialien sind nicht in den einzelnen Materiallisten aufgeführt.

- Transparentpapier
- dünner Karton
- Schere
- Bleistift/Radiergummi
- Cutter mit Schneideunterlage
- Lineal
- Serviettenkleber
- doppelseitiges Klebeband (z. B. Tacky Tape)
- UHU Alleskleber kraft/Klebestift
- Pinsel
- kleine Zange
- alte Zeitungen

VORLAGEN ÜBERTRAGEN
Transparentpapier auf die Vorlage legen, das Motiv abzeichnen und auf einen dünnen Karton kleben. Die Schablone ausschneiden, auf das gewünschte Material legen, die Konturen nachzeichnen und dann ausschneiden.

HALTERUNGEN FÜR LICHTERSCHIRMCHEN
Zur Aufhängung der Schirmchen dient ein einfaches, eingeschnittenes Kreuz, das am besten auf einer Schneideunterlage mithilfe eines Cutters in Papier, Plastik oder andere Materialien geschnitten wird. Die Größen der Einschnitte sind in den Vorlagen eingezeichnet.

BASTELN MIT TRINKHALMEN
Flach gebügelte Trinkhalme können zum Einflechten und zum Aufkleben in und auf ganz unterschiedliche Papiere, aber auch als ganzes Geflecht als Lampenschirm verwendet werden. Die Trinkhalme werden zwischen zwei Backpapierstücke gelegt. Dann mit Einstellung Baumwolle/Leinen beim Bügeleisen über das obere Backpapier bügeln, bis die Trinkhalme flach sind. Da das Plastik schmilzt, muss man kurze Zeit warten, bis die Trinkhalme abgekühlt sind.

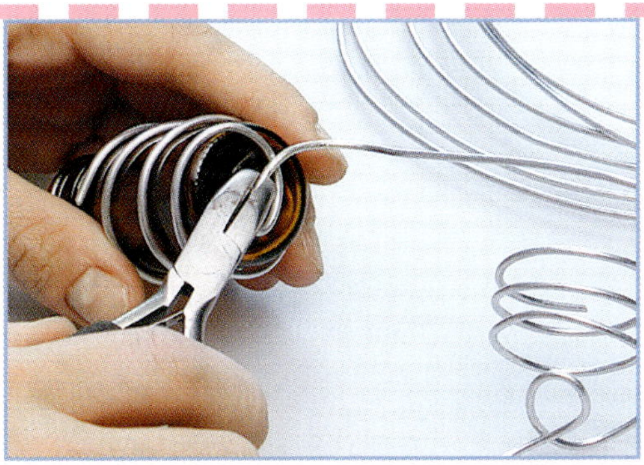

Erst dann lassen sie sich mühelos vom Backpapier lösen. Die Knickstellen der Trinkhalme sollten vor der Weiterverarbeitung abgeschnitten werden. Die so entstandenen Streifen lassen sich gut in anderes Material einflechten oder darauf aufkleben.

DRAHTSPIRALEN

Draht Halterungen für Lämpchen, die für Lichtsträuße (z. B. Seite 41) gebraucht werden, kann man einfach selbst herstellen. Ein ca. 50 cm langes Stück Aludraht, ø 2,5 mm, der leicht biegbar ist, wird etwa viermal fest um eine kleine Flasche gewickelt und als Spirale von der Flasche heruntergezogen. Nach der letzten Spirale wird mit einer kleinen Zange eine Drahtschlaufe gebogen, in die später das Lämpchen der Lichterkette gesteckt werden kann. Nach dem Einstecken eventuell noch etwas fester biegen, damit das Lämpchen nicht mehr herausrutschen kann. Der restliche Draht wird als Stiel gebraucht.

LAMPEN UND LICHTERKETTEN

Lampenschirmrohlinge gibt es im Handel in großer Auswahl, z. B. weiße Lampenschirme in unterschiedlichen Höhen, konisch und nicht konisch, die mit Stoff oder Seide bezogen sind und die sich bemalen und bekleben lassen. Auch Reispapierlampen in den verschiedensten Formen können als Grundmodelle für viele Lampengestaltungen benutzt werden. Einfache Lampenhalterungen, die in spezielle Metallringe eingebracht werden, lassen noch mehr Gestaltungsfreiheiten (siehe Seite 8 und 11) zu. Mit den vielfältigen Lampenschirmfüßen, ob nun einbeinig, drei- oder vierbeinig, können Höhen und Formen der Lampen variiert werden.
Lichterketten, die es mit zehn und 20 Lämpchen gibt, werden mit Netzstecker oder Schalter betrieben. Spezielle Lichterketten mit LED-Lämpchen werden mit Batterie betrieben. Manche eignen sich auch für den Einsatz im Wasser.

HINWEIS

Bitte verwenden Sie nur Lichtquellen, die das GS-Zeichen tragen.

BASTELZEIT

Die Bastelzeit bezieht sich bei den Lichterketten immer auf die Gestaltung von zehn Lämpchen pro Lichterkette. Falls nicht anders angegeben, werden Lichterketten mit zehn Lämpchen verwendet. Bei der Angabe der Bastelzeit sind die notwendigen Trocknungszeiten für die Modelle nicht berücksichtigt.

Reispapier-Lampe

BASTELZEIT
45 Minuten

MATERIAL
- Lampenfassung mit Glühbirne
- Reislampe in Natur, ø 30 cm
- Seidenmalfarbe in Rot
- Kordel mit Fransen in Orange und Rot, ø 3 mm, je 1,50 m lang
- Holzleim aus der Flasche

Tipp

Witzig sieht die Reispapierlampe auch aus, wenn Sie mit kleinen Stücken von Seidenpapier über und über beklebt wird und darauf die Fransenbänder angebracht werden.

Übrigens: Der Holzleim trocknet transparent und ist deshalb nach dem Trocknen nicht sichtbar.

1. Die Lampe komplett von außen mit der roten Seidenmalfarbe bemalen. Trocknen lassen.

2. Holzleim direkt aus der Flasche auf der mittleren Linie der Lampe anbringen. Die inneren Verstrebungen der Lampe helfen zur Orientierung. Orangefarbene Kordel anbringen, trocknen lassen. Im Abstand von ca. 6 cm nach oben und unten jeweils auf die gleiche Weise rote Kordeln aufbringen. Dann wieder im Wechsel orangefarbene Kordeln. Kordelanfang und -ende immer ca. 2 cm übereinander kleben.

3. So verfahren, bis die Lampe mit Kordeln beklebt ist. An der oberen Öffnung der Lampe die letzte rote Kordel anbringen.

Trinkhalme-Lampe

BASTELZEIT
120 Minuten

MATERIAL

- Metallring in Weiß mit Lampenhalterung, ø 20 cm
- Lampenfassung mit Glühbirne
- Päckchen Neontrinkhalme in Gelb, Grün, Orange und Pink
- Backpapier
- Bügeleisen

Tipp

Unschöne Stellen können mit einer Schere ganz leicht herausgeschnitten werden. Um einen dichteren Lampenschirm zu erhalten, können Sie zweimal das gleiche Modell arbeiten. Bevor Sie die Lampe zum Kreis schließen, die zwei Teile übereinander legen und mit Klebeband fixieren.

1. Falls die Trinkhalme Knickstellen haben, bitte zuerst diese von den Halmen abschneiden. Die Halme der Länge nach nebeneinander auf einer Breite von 65 cm und einer Höhe von ca. 18 cm bis 19 cm auf Backpapier legen. Dann weitere Halme gemäß der Abbildung darüber legen. Darauf achten, dass oben und unten die Halme der Länge nach einen schönen Abschluss bilden.

2. Mit Backpapier vorsichtig komplett überdecken und bei größter Hitze mit dem Bügeleisen bügeln, bis alle Halme miteinander verschmolzen sind. Abkühlen lassen, dann das Backpapier abnehmen. Unschöne Stellen ausbessern, indem weitere Halme auf die gleiche Art aufgebügelt werden.

3. Auf den Metallring doppelseitiges Klebeband kleben, die Schutzfolie abziehen und das Rechteck aus den Trinkhalmen darauf kleben. Den Rand ebenfalls mit Klebeband zusammenkleben und evtl. überstehende Halme abschneiden.

Lampe im 70er Jahre-Flair

BASTELZEIT
90 Minuten

MATERIAL

- Lampenschirm-Quadrat aus Metall in Weiß, 20 cm x 20 cm
- Lampenfassung mit Glühbirne
- Rolle einseitig, selbstklebende Lampenschirmfolie, 60 cm breit
- Serviettenmotive in Gelb-Pink-Rot gestreift, möglichst zwei Varianten
- Transparentpapier in Gelb, Orange und Rot, A4
- Effektdraht in Silber, ø 1 mm bis 2 mm
- Zirkel oder Nadel

VORLAGE SEITE 42

Tipp

Etwas schneller kann die Lampe gearbeitet werden, wenn Sie anstelle der Quadratreihen lange beklebte Streifen nebeneinander hängen.

1. Von den Servietten nur die oberste Schicht benutzen und diese auf die selbstklebende Seite der Lampenschirmfolie aufbringen. Von der Vorlage eine Schablone anfertigen, mithilfe der Schablone 36 Quadrate auf die Rückseite der mit Servietten beklebten Lampenschirmfolie aufzeichnen und ausschneiden.

2. Auf das einfarbige Transparentpapier ebenfalls 36 Quadrate aufzeichnen, jeweils zwölf Stück von einer Farbe. Alle Quadrate ausschneiden und auf die Rückseiten der Servietten-Quadrate mit einem Klebestift aufkleben.

3. Mit der Zirkelspitze oder einer Nadel in 24 Quadrate oben und unten Löcher gemäß der Vorlage einstechen. Bei den restlichen zwölf Quadraten nur oben ein Loch anbringen. Das in der Reihe unten hängende Quadrat braucht nur ein Loch. Immer drei Quadrate mit Effektdraht aneinander hängen. Die Enden des Drahtes miteinander verdrehen. Drei Quadratreihen an jede Seite des Metall-Vierecks hängen. Bei der Aufhängung die Höhen ein bisschen variieren.

Nett verspielt!

BASTELZEIT
90 Minuten

MATERIAL

- Lampenschirm in Weiß aus Seide mit passendem Fuß, ø 10 cm, 13 cm hoch
- Glühbirne
- Bügelperlen in Rottönen, Grüntönen und Gelb
- runde Steckplatte
- Backpapier
- Bügeleisen

1. Die Perlen nach Wunsch oder gemäß der Abbildung (neun vierreihige, neun dreireihige und zehn zweireihige Blüten) auf die Steckplatte stecken, mit Backpapier abdecken und mit dem Bügeleisen vorsichtig bei mittlerer Einstellung nicht zu stark schmelzen, damit die Perlen flexibel bleiben.

2. Erkalten lassen, zuerst das Backpapier und dann die fertigen Blüten von der Steckplatte abnehmen.

3. Die Rückseiten der Blumen mit UHU Alleskleber kraft einstreichen, kurz antrocknen lassen, fest auf den Lampenschirm drücken und einen Moment festhalten.

Tipp

Die Lampengestaltung erinnert an Flower-Power und kommt bestimmt bei Teens gut an. Vielleicht ist diese Lampe ein tolles Geschenk zum Geburtstag?

Lampe mit roten Kristallen

BASTELZEIT
90 Minuten

MATERIAL

- Lampenschirm aus Stoff in Weiß, ø 16 cm unten, ø 12 cm oben, 28,5 cm hoch
- Lampenschirmfuß in Weiß, 40 cm hoch
- Glühbirne
- Seidenmalfarbe in Rot und Blau
- 5 tropfenförmige Kunststoff-Kristalle in Rot, ca. 3 cm lang
- 6 tropfenförmige Kunststoff-Kristalle in Rot, ca. 1,5 cm lang
- 6 achteckige Kunststoff-Kristalle in Rot, ca. ø 1,5 cm
- transparenter Nylonfaden
- Nadel
- evtl. Föhn

1. Auf den Lampenschirm mit einem dicken Pinsel (Stärke ca. 10) Flächen, ca. 6 cm x 6 cm groß, in Rot aufbringen. Dabei Zwischenräume lassen. In diese Zwischenräume blaue Seidenmalfarbe malen und die Ränder der Flächen ineinander fließen lassen. Zügig arbeiten!

2. Ein bis zwei Stunden trocknen lassen, eventuell mit dem Föhn die Trocknungszeit beschleunigen.

3. Am unteren Rand des Lampenschirms im Abstand von 3 cm mit der Nadel Löcher vorstechen. Jeweils einen Kristall an einen transparenten Faden hängen, verknoten, den Faden mit dem angehängten Kristall durch das Lampenschirmloch ziehen und nochmals gut verknoten.

Tipp

Auch ganz einfache Kringel und Schnörkel auf dem Lampenschirm sehen toll aus. Diese sollten Sie mit Stoffmalstiften aufmalen, die Konturen werden exakter. Seidenmalfarbe eignet sich besonders, um Farben ineinander fließen zu lassen.

Papierstachel-Lampe

BASTELZEIT
30 Minuten

MATERIAL
- dreieckige Lampenfassung mit Gestell auf Füßen
- Glühbirne
- geprägtes Naturpapier in Orange, A3
- Strohseide in Rot, A3

VORLAGE SEITE 42

Tipp

Es gibt Transparentpapier mit wundervollen, orientalischen Ornamenten zu kaufen, das sich hervorragend für diese dreieckige Lampe eignet. Sie können es als äußere Lampenschirmgestaltung verwenden oder nur als Hintergrundpapier.

1. Nach den Maßen der Vorlage das orangefarbene Papier zuschneiden. In der gleichen Größe die Strohseide zuschneiden. Die Faltlinien in beide Zuschnitte einbringen.

2. Auf die Rückseite des orangefarbenen Papiers die Dreiecke (Vorlage) beliebig verteilt aufzeichnen und auf einer Schneideunterlage mit einem Cutter die zwei langen Seiten einschneiden. Die Unterseiten der Dreiecke nicht aufschneiden. Die aufgeschnittenen Dreiecke vorsichtig auf die Vorderseite biegen.

3. Das rote Papier auf die Rückseite des orangefarbenen kleben. Nur an der Klebelasche und an ein paar Stellen mit doppelseitigem Klebeband fixieren. Die Klebelasche mit doppelseitigem Klebeband versehen und die Lampe zusammenkleben. Über die Schneide einer geöffneten Schere vorsichtig die Spitzen der Dreiecke ziehen, damit sie sich etwas nach außen rollen. Lampenschirm auf das Lampengestell setzen.

Flower-Power-Lichterkette

BASTELZEIT
120 Minuten

MATERIAL
- 10er Lichterkette in Weiß
- 5 Bogen matte Kreativ-Folie in Weiß-Opak, 0,2 mm stark
- Bügelperlen in Rottönen, Grüntönen und Gelb
- runde Steckplatte
- Backpapier
- Bügeleisen

VORLAGE SEITE 45

Tipp

Im Fachhandel können Sie bereits fertige Lichterketten-Schirmchen erstehen. Mit diesen tollen Perlen lassen sich auch viele andere Muster anfertigen und natürlich auch andere Farbkombinationen, mit denen diese Lichterkette ebenfalls toll aussieht.

1. Schirmchen-Vorlage auf die Folie übertragen. Schirmchen ausschneiden und zusammenstecken.

2. Die Perlen nach Wunsch oder gemäß der Abbildung (zehn dreireihige und 40 zweireihige Blüten) auf die Steckplatte stecken, mit Backpapier abdecken und mit dem Bügeleisen vorsichtig bei mittlerer Einstellung nicht zu stark schmelzen, damit die Perlen flexibel bleiben. Erkalten lassen, zuerst das Backpapier und dann die fertigen Blüten von der Steckplatte abnehmen.

3. Die Schirmchen zusammenfügen. Die Rückseite der Blüten mit UHU Alleskleber kraft einstreichen, etwas antrocknen lassen, dann gemäß der Abbildung fest auf die Schirmchen drücken. Zum Schluss die Lämpchen der Lichterkette in die Schirmchen stecken.

Schmetterlings-Lichter

BASTELZEIT
45 Minuten

MATERIAL
- 10er Lichterkette in Weiß mit blauen Lämpchen
- 3 bis 4 Bogen Transparentpapier, Kreisel, A4
- Transparentpapier in Hellgrün, A4

VORLAGE SEITE 48

Tipp

Die leuchtenden blauen Lämpchen sehen bei dieser Schmetterlings-Lichterkette besonders hübsch aus. Mit ein bisschen Glasmalfarbe können Sie auch ganz normale transparente Glas-Lämpchen in bunte Lichter verwandeln.

1. Die Vorlage auf Karton übertragen und eine Schablone herstellen. Diese auf das bunte Transparentpapier legen und mit Bleistift umfahren. Zehn Schmetterlinge ausschneiden.

2. Den Lämpchenumfang und die Länge der Lämpchenhalterung abmessen. Die Maße auf Karton übertragen, eine Schablone herstellen, dabei an der langen Seite ca. 2 cm zum Aufeinanderkleben zugeben. Schablone auf das grüne Transparentpapier auflegen, nachfahren und zehn Rechtecke ausschneiden.

3. Die grünen Papierrechtecke zu einem Röllchen zusammenkleben, evtl. mit doppelseitigem Klebeband. Prüfen, ob sie über die Lämpchenhalterung passen. Schmetterlingsflügel einmal in der Mitte falten. Auf diese Faltlinie an der Unterseite Klebstoff aufbringen und auf die Klebenaht des Röllchens setzen. Trocknen lassen und über die Lämpchen schieben.

Lichterkette mit Filzblumen

BASTELZEIT
90 Minuten

MATERIAL
- 10er Lichterkette in Weiß
- Modellierfilz in Dunkelrot, Rot und Orange, 30 cm x 40 cm
- UHU Glitterglue in Hellgrün
- Schaschlikstäbchen

VORLAGE SEITE 46

1. Sieben Blumen in Orange und Dunkelrot und sechs in Rot gemäß der Vorlage ausschneiden und in der Mitte mit einem Cutter kreuzförmig einschneiden.

2. Die Blütenblätter über ein Schaschlikstäbchen rollen, sodass sie plastisch wirken.

3. Auf vier orangefarbene, drei dunkelrote und drei hellrote Blüten Glitterglue-Punkte auftupfen und diese gut trocknen lassen. Diese verzierten Blüten immer zusammen mit einer farblich anderen Blüte auf das Lämpchen stecken.

Tipp

Wenn Sie es glitzernder mögen, können Sie mit Glitterglue weitere Verzierungen anbringen oder Sie kleben Perlen und Pailletten auf die Blüten.

Freche Joghurtbecher

BASTELZEIT
60 Minuten

MATERIAL
- 10er Lichterkette in Weiß
- 10 kleine Jogurtbecher in Violett, Pink, Rot, Gelb und Orange
- Transparentpapier, Mosaik, A4
- Scoubidouband in Hellgrün und Pink, je 80 cm lang

Tipp

Witzig sehen die kleinen bunten Becherchen auch mit Tortenspitzen-Verzierungen aus, die Sie anstelle der Transparentpapier-Fransen einkleben können. Die Tortenspitzen können Sie auch farbig anmalen.

1. Den Rand der Becher abschneiden und sie dann unten mit einem Cutter vorsichtig kreuzförmig in der Mitte des Bodens einschneiden. Die Spitzen der kreuzförmigen Schnittstellen abschneiden.

2. Aus dem Transparentpapier zehn 2,3 cm breite und 13,5 cm lange Streifen zuschneiden. Diese der Länge nach viermal zusammenfalten und dann an der Längsseite in ca. 2 mm starke Fransen schneiden, dabei an der gegenüberliegenden Seite einen ca. 4 mm breiten Rand stehen lassen.

3. Die Innenkante der Becher mit Alleskleber einstreichen und die auseinandergefaltete Fransenborte einkleben. Pro Becher mit Alleskleber 14,5 cm Scoubidouband auf die untere Außenkante kleben. Nach dem Trocknen die Schirmchen vorsichtig auf die Lämpchen stecken.

Edle Lichterkette in Weiß

BASTELZEIT
45 Minuten

MATERIAL
- 10er Lichterkette in Weiß
- Strohseide in Weiß, A3
- 10 tropfenförmige Kunststoff-Kristalle in Transparent, ca. 1,5 cm lang
- Effektdraht in Silber, ø 1 mm bis 2 mm
- Nadel

VORLAGE SEITE 43

1. Von der Vorlage eine Kartonschablone herstellen, diese auf die Strohseide legen, mit einem Bleistift umfahren, ausschneiden, Klebelaschen nach innen falten und wieder auffalten. Auf einer Schneideunterlage mit dem Cutter ein Kreuz für die Aufhängung einschneiden.

2. Die große Lasche mit Klebstoff versehen und die Tüten spitz zusammenkleben. Auch die kleine Lasche mit Klebstoff versehen und diese auf der gegenüberliegenden Innenseite der Tüte anbringen.

3. Mit einer Nadel ein kleines Loch in die Spitze der Tüte stechen. Den Kristall an einem Stück Effektdraht fixieren, das andere Ende des Drahtes durch das Loch fädeln und die Drahtenden miteinander verdrehen. Überstehende Drahtenden abschneiden.

Tipp

Strohseide und Kunststoff-Kristalle gibt es in sehr vielen Farben! Wer es nicht ganz so dezent mag, kann die Tütchen in ganz unterschiedlichen Farben basteln und mit den dazu passenden Kristallen ausstatten.

Leuchtende Federbälle

BASTELZEIT
60 Minuten

MATERIAL

- 10er Lichterkette in Weiß
- 10 Kunststoff-Federbälle in Weiß mit Kappen in Rot
- Geschenkband in Rot-Weiß kariert, 2,5 cm breit, 5 m lang
- kleine, spitze Schere
- Vorbohrer

Tipp

Witzig sehen diese Federballschirmchen auch in anderen Farben aus, die im Handel erhältlich sind. Sie können die Schirmchen zusätzlich mit richtigen Federn dekorieren.

1. Die roten aufgesteckten Kappen von den Federbällen abnehmen. Mit dem Vorbohrer ein Loch in die Mitte der roten Kappe bohren und von diesem Loch aus mit der Schere kreuzförmig fünf Einschnitte (ca. 2,5 cm lang) anbringen.

2. Mit dem Vorbohrer ebenfalls mittig Löcher in die weißen Plastikteile der Federbälle machen, auf denen die roten Kappen saßen, und diese Teile so groß kreisförmig ausschneiden, dass die Lichterketten-Lämpchen durchgesteckt werden können.

3. Das Band in ca. 40 cm bis 50 cm lange Stücke schneiden, jeweils ein Bandstück gemäß dem Foto in den oberen Teil des Federballs einflechten und mit einem losen Knoten versehen. Die Bandenden schräg abschneiden und am Ende jeweils mit einem Knoten versehen.

Hübsch geflochten

BASTELZEIT
45 Minuten

MATERIAL

- 10er Lichterkette in Weiß
- Metall-Laterne für Teelicht, 12 cm x 12 cm x 14 cm
- Rolle Transparentpapier, Quirl in Rot
- 6 Kunststoff-Trinkhalme in Lachs
- 8 Kunststoff-Trinkhalme in Pink
- Draht, ø ca. 3 mm, 10 cm lang
- Backpapier
- Bügeleisen

VORLAGE SEITE 44/45

Tipp

Sie können die Lampe auch mit einer normalen Glühbirne beleuchten. Dann brauchen Sie zur Metalllaterne noch eine zusätzliche Lampenfassung.

1. Zwischen zwei Backpapierstücken jeweils einen Trinkhalm nach dem anderen flach bügeln. Erst aus dem Papier nehmen, wenn der Halm etwas erkaltet ist.

2. Die Maße für den Lampenschirmzuschnitt auf das Transparentpapier aufzeichnen und ausschneiden. Gemäß der Vorlage auf zwei gegenüberliegenden Seiten des Zuschnitts die Schnitte mit dem Cutter einbringen. Durch die Einschnitte die flach gebügelten Trinkhalme flechten. Alle Enden der eingeflochtenen Trinkhalme mithilfe von doppelseitigem Klebeband fixieren, die überstehenden Enden abschneiden.

3. Auf die Klebelasche des Lampenzuschnitts ebenfalls doppelseitiges Klebeband aufbringen. Den Lampenschirmzuschnitt zukleben und über die Metall-Laterne schieben. Die Lämpchen der Lichterkette wie zu einem Strauß zusammenfassen, mit einem Stück Draht diesen Strauß fixieren, ins Innere der Lampe stellen und die Lampe damit beleuchten.

Leuchtender Tischläufer

BASTELZEIT
45 Minuten

MATERIAL
- LED-Lichterkette mit 20 Lämpchen
- 9V-Blockbatterie
- Organzaschlauchband in Violett, 12 cm breit, 24 cm lang
- Muschelpapier in Pink, 23 cm x 33 cm
- je 5 Wattekugeln in Weiß und Hellgrün, ø 1,5 cm

VORLAGE SEITE 46

1. Zehn Blumen gemäß der Vorlage aus Muschelpapier zuschneiden und mit kleinen Stückchen doppelseitigem Klebeband auf dem Schlauchband gemäß der Abbildung befestigen.

2. Die Wattekugeln ebenfalls mit Klebeband auf den Blüten anbringen, dazu die Kugeln an der Klebefläche etwas platt drücken.

3. Die Lichterkette in den Schlauch stecken und die Lämpchen gleichmäßig verteilen. Dann die Enden des Bandes nach unten schlagen und eventuell mit Klebeband fixieren.

Tipp

Ein bisschen schneller geht das Anfertigen der Blüten, wenn Sie das Muschelpapier doppelt legen und zwei Blüten auf einmal ausschneiden. Sie können auch einen Blumen-Motivlocher verwenden.

Gestreifte Dosen-Lampe

BASTELZEIT
45 Minuten

MATERIAL

- 10er Lichterkette in Weiß
- Lampenschirm aus Stoff in Weiß, ø 10 cm, 13 cm hoch
- Japanpapier in Orange, A4
- 10 bis 12 Trinkhalme aus Kunststoff in Pink
- Holzleim
- Backpapier
- Bügeleisen

Tipp

Der Lampenschirm sieht auch hübsch mit einem Lampenschirmfuß aus. Dann wird aus der Dosen-Lampe zum Legen ein Steh-Lämpchen.

1. Umfang des Lampenschirms abmessen und das Japanpapier in dieser Größe mit 2 cm Überstand zuschneiden. Den Lampenschirm mit Holzleim einstreichen und mit dem Japanpapier bekleben.

2. Zwischen zwei Backpapierstücken die Trinkhalme einzeln nacheinander flach bügeln, nach dem Erkalten aus dem Backpapier nehmen. Mit allen Trinkhalmen so verfahren.

3. Die flachen Trinkhalme im Abstand von jeweils 2,5 cm zueinander auf dem Lampenschirm mit Uhu Alleskleber kraft anbringen. Gut trocknen lassen und mit der Schere die überstehende Enden der Halme kürzen. Die Lichterkette als Lichtquelle in der Lampendose dekorieren.

Bunte Scoubidou-Lampe

BASTELZEIT
45 Minuten

MATERIAL
- 10er Lichterkette in Weiß
- Metall-Laterne für Teelicht, 12 cm x 12 cm x 14 cm
- Scoubidoubänder in Pink, Gelb, Orange, Smaragd, Rosa, Hellblau, Hellgrün und Violett
- 4 Wattekugeln in Hellblau, ø 1,5 cm
- Draht, ø ca. 3 mm, 10 cm lang
- Klebefilm

Tipp

Statt den Scoubidoubändern können Sie für die Bespannung auch farbigen Bast verwenden, den Sie vorher etwas auseinander ziehen. Dadurch wird er transparenter.

1. Das erste Band um eine Strebe legen und mit etwas Klebefilm sichern. Dann das Band bis zur nächsten Strebe spannen, zweimal um diese herumschlingen und so weiter arbeiten, bis das Band an einer Strebe zu Ende ist.

2. Das Bandende zweimal um die Strebe schlingen, dann das nächste Band ebenfalls um diese schlingen, eventuell mit Klebeband fixieren und wie oben beschrieben weiter verfahren, bis der Lampenschirm vollständig mit Bändern bespannt ist. Die überstehenden Enden abschneiden.

3. Mit kleinen Stücken doppelseitigem Klebeband die Wattekugeln auf den Ecken der Laterne fixieren. Die Lichterkette mit Draht zu einem Strauß binden und diesen in der Halterung für das Teelicht mit doppelseitigem Klebeband fixieren.

Wasserzauber

BASTELZEIT
35 Minuten

MATERIAL
- 20er LED-Lichterkette in Blau, wassergeeignet
- 9V-Blockbatterie
- Zylinderglas in Transparent, ø 15 cm, 14 cm hoch
- Plastik-Buchhüllen in Grün transparent und Blau transparent, A4
- Plastik-Buchhülle in Rot transparent, A5
- wasserfester Filzstift in Schwarz

VORLAGE SEITE 47

1. Blüten-Vorlagen aus Karton herstellen. Die große Blüte jeweils aus blauer und grüner Folie zuschneiden. Dazu die Vorlage auf die Buchhüllen auflegen, mit dem Filzstift umfahren und ausschneiden. Die kleinen Blüten aus roter Plastikfolie zuschneiden.

2. Auf der Schneideunterlage mit dem Cutter bei allen Blüten gemäß der Vorlage ein Kreuz einschneiden.

3. Auf jedes zweite Lämpchen die zurechtgeschnittenen Blüten aufstecken. Zuerst die zwei großen, dann die kleine Blüte. Diese so drehen, dass die Blütenblätter nicht deckungsgleich sind. Das Zylinderglas mit Wasser füllen und darin die Lichterkette arrangieren.

Tipp

Auch in einer großen, flachen Glasschale sehen die Unterwasserblüten schön aus.

Bitte unbedingt für dieses Arrangement nur die speziellen Lichterketten, die wassertauglich sind, verwenden! Den Batterieblock nicht ins Wasser legen.

Ein Strauß mit Zebrablumen

BASTELZEIT
45 Minuten

MATERIAL
- 10er Lichterkette in Weiß
- weicher Aludraht, ø 2,5 mm, 5 m lang
- 5 Bogen Transparentpapier mit Zebramuster, A4
- Tacker mit Klammern in Silber
- Aluvase, ø 18 cm bis 19 cm, 20 cm hoch
- Steckschaum, 23 cm x 11 cm x 8 cm

VORLAGE
SEITE 46/47

Tipp

Die Teelichtständer können Sie auch fix und fertig im Bastelfachhandel kaufen.

1. Für die Zebrablumen eine Schablone aus Karton anfertigen, auf Transparentpapier übertragen und ausschneiden. Kreuzeinschnitte gemäß der Vorlage anbringen. Für die Teelichtständer ein Ende des Drahtes ca. drei- bis viermal fest um einen runden stabilen Gegenstand wickeln und als Spirale aufspringen lassen (siehe auch Seite 5).

2. Den Steckschaum so zurechtschneiden, dass er die Hälfte der Vase ausfüllt. In jeden Teelichtständer ein Lämpchen der Lichterkette einbringen, dazu eventuell den gedrehten Draht leicht aufbiegen. Lämpchen mit einem Stück Kabel im Draht befestigen und Draht wieder zubiegen. Die so bestückten Teelichtständer zunächst in den Steckschaum stellen.

3. Einen Teelichtständer rausziehen, durch das eingeschnittene Kreuz des Zebrazuschnitts den Drahtstab schieben, nach oben bis zum Teelichtständer führen. Links und rechts die beiden Seiten des Zebrazuschnitts übereinander legen und zusammentackern. Fertigen Stab wieder in den Steckschaum stellen. So mit allen Teilen verfahren.

◆ SEITE 16

Papierstachel-Lampe

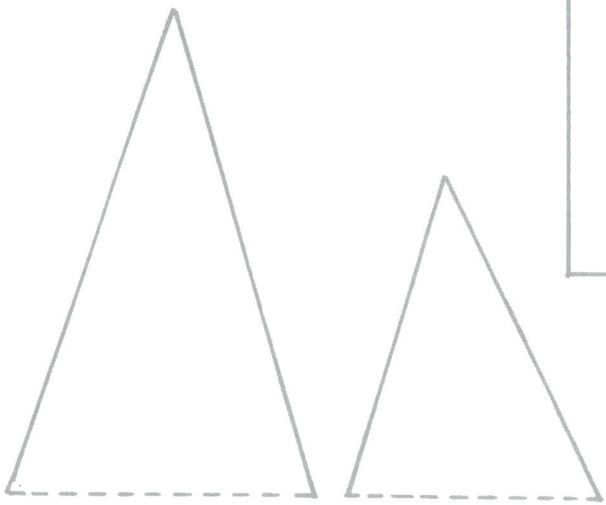

◆ SEITE 10

Lampe im 70er Jahre-Flair

- - - - = Faltlinie

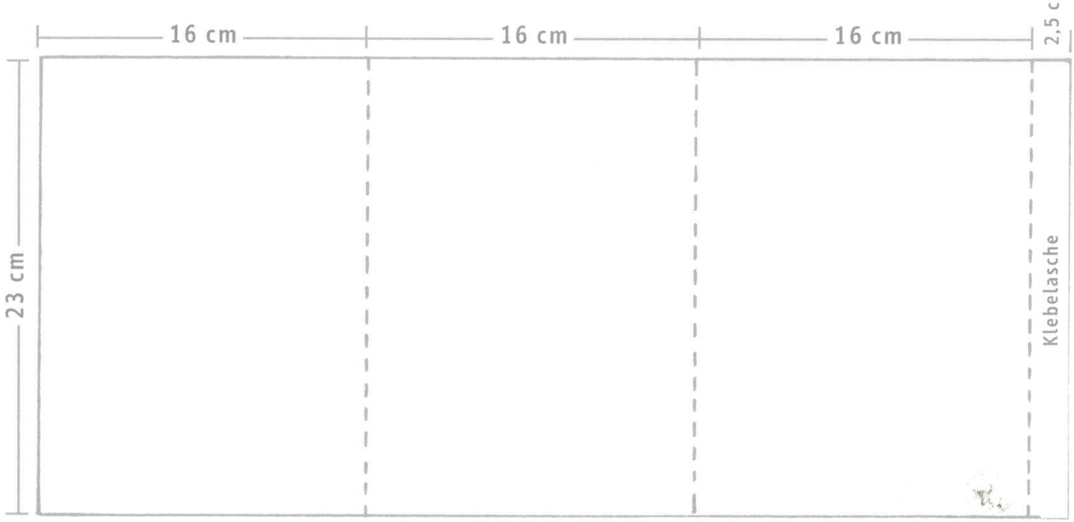

Schema Zuschnitt

◆ **SEITE 26**

Edle Lichterkette in Weiß

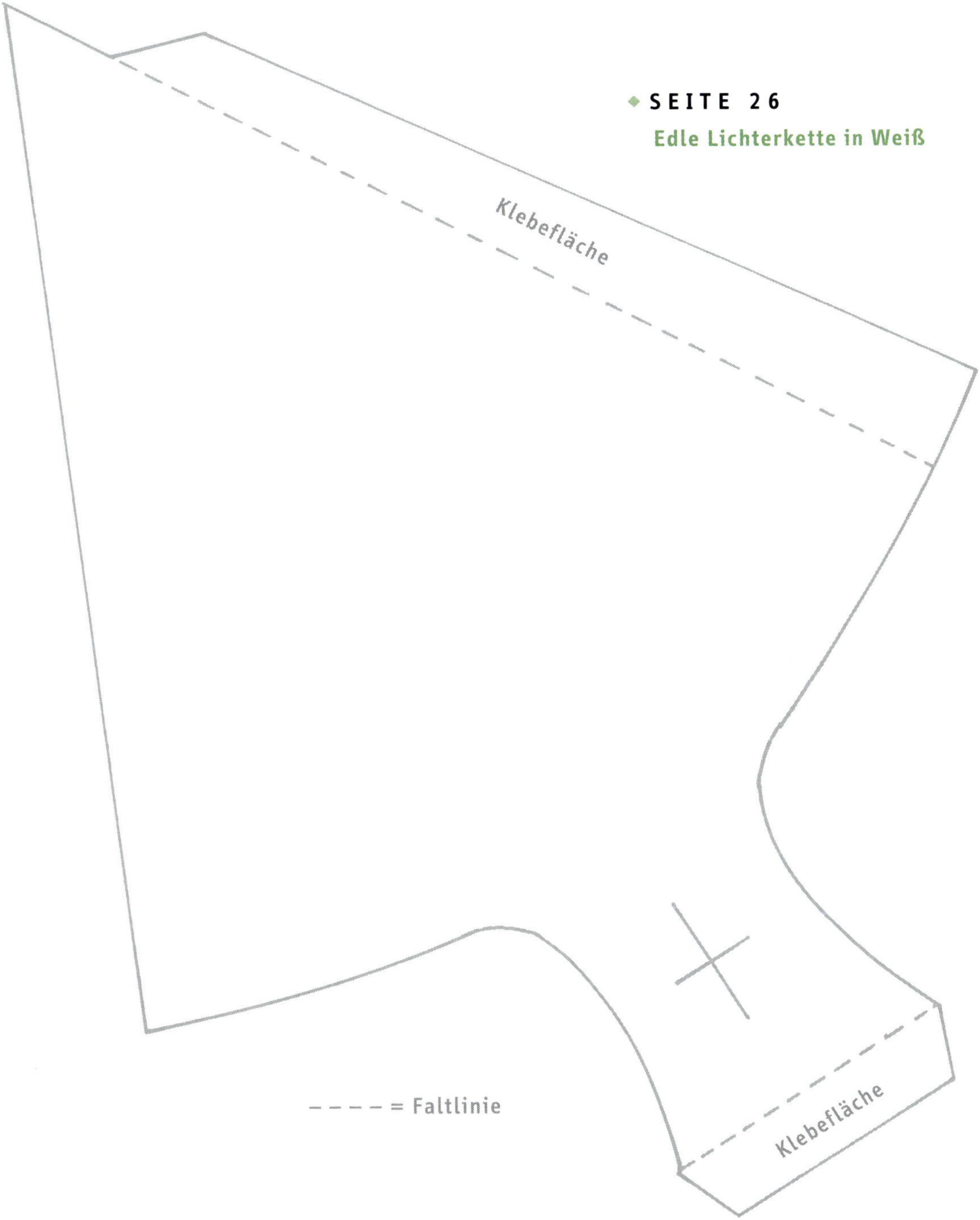

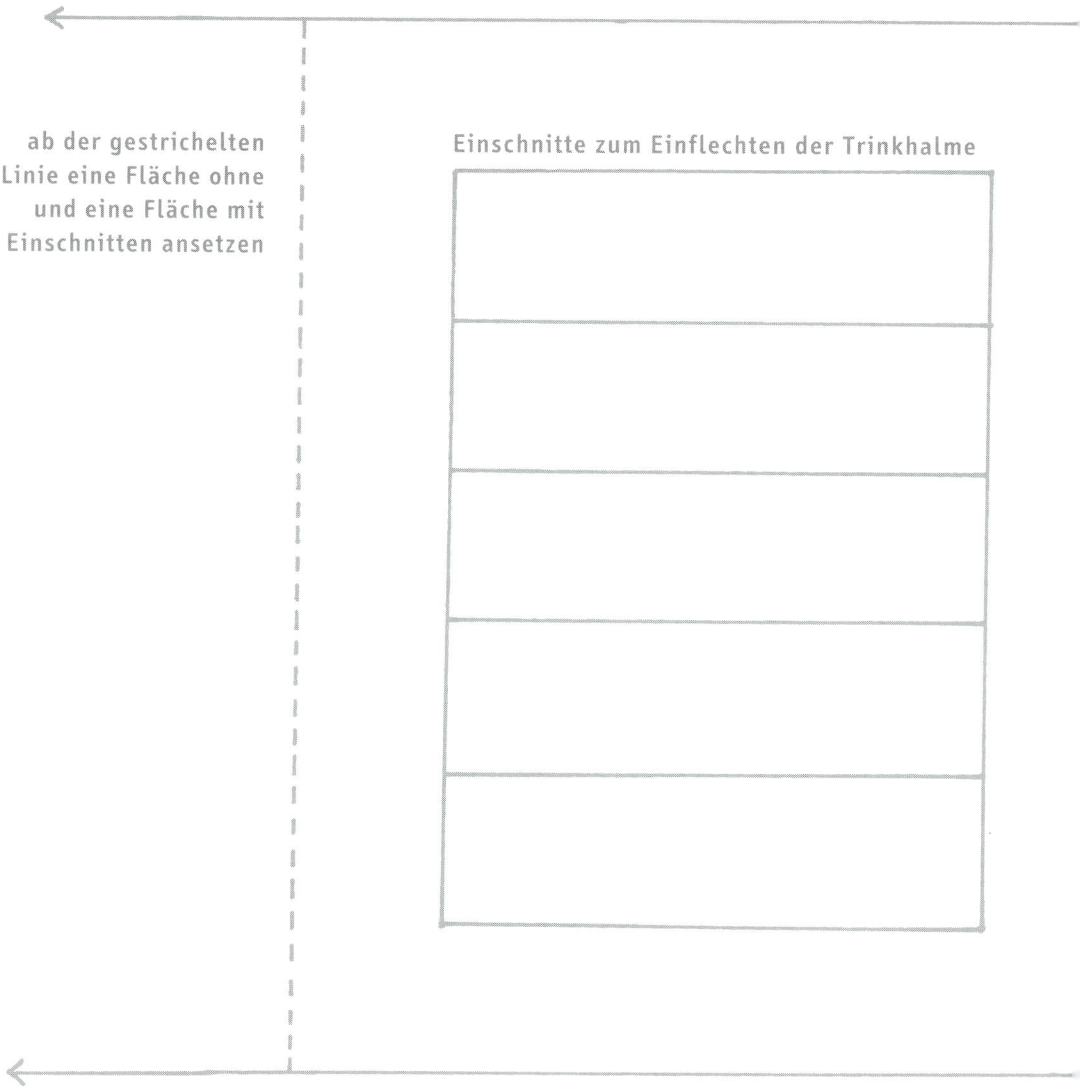
ab der gestrichelten
Linie eine Fläche ohne
und eine Fläche mit
Einschnitten ansetzen
Einschnitte zum Einflechten der Trinkhalme

◆ **SEITE 30**

Hübsch geflochten

- - - - = Faltlinie

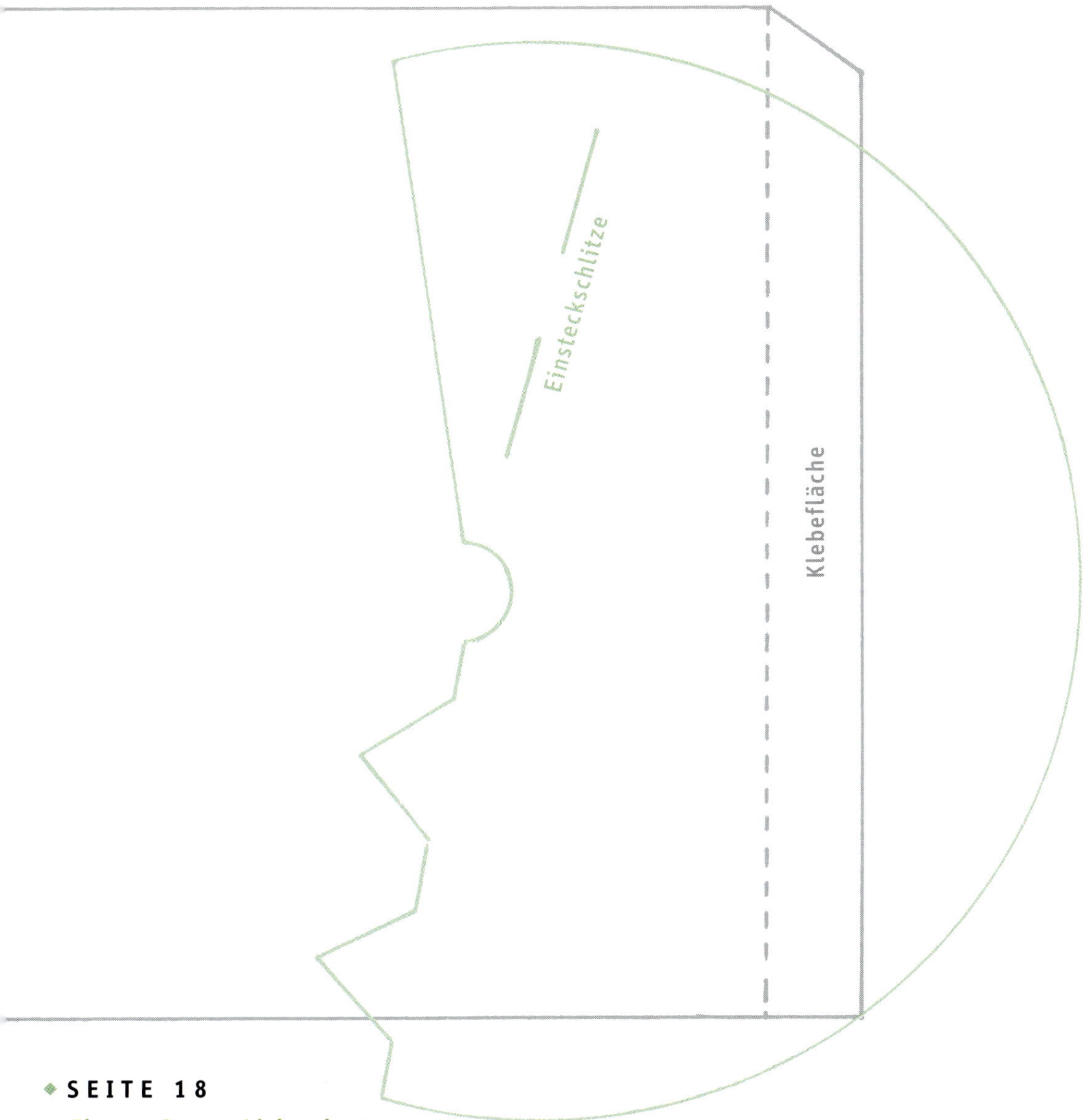

◆ **SEITE 18**

Flower-Power-Lichterkette

SEITE 22

Lichterkette mit Filzblumen

SEITE 32

Leuchtender Tischläufer

SEITE 40

Ein Strauß mit Zebrablumen

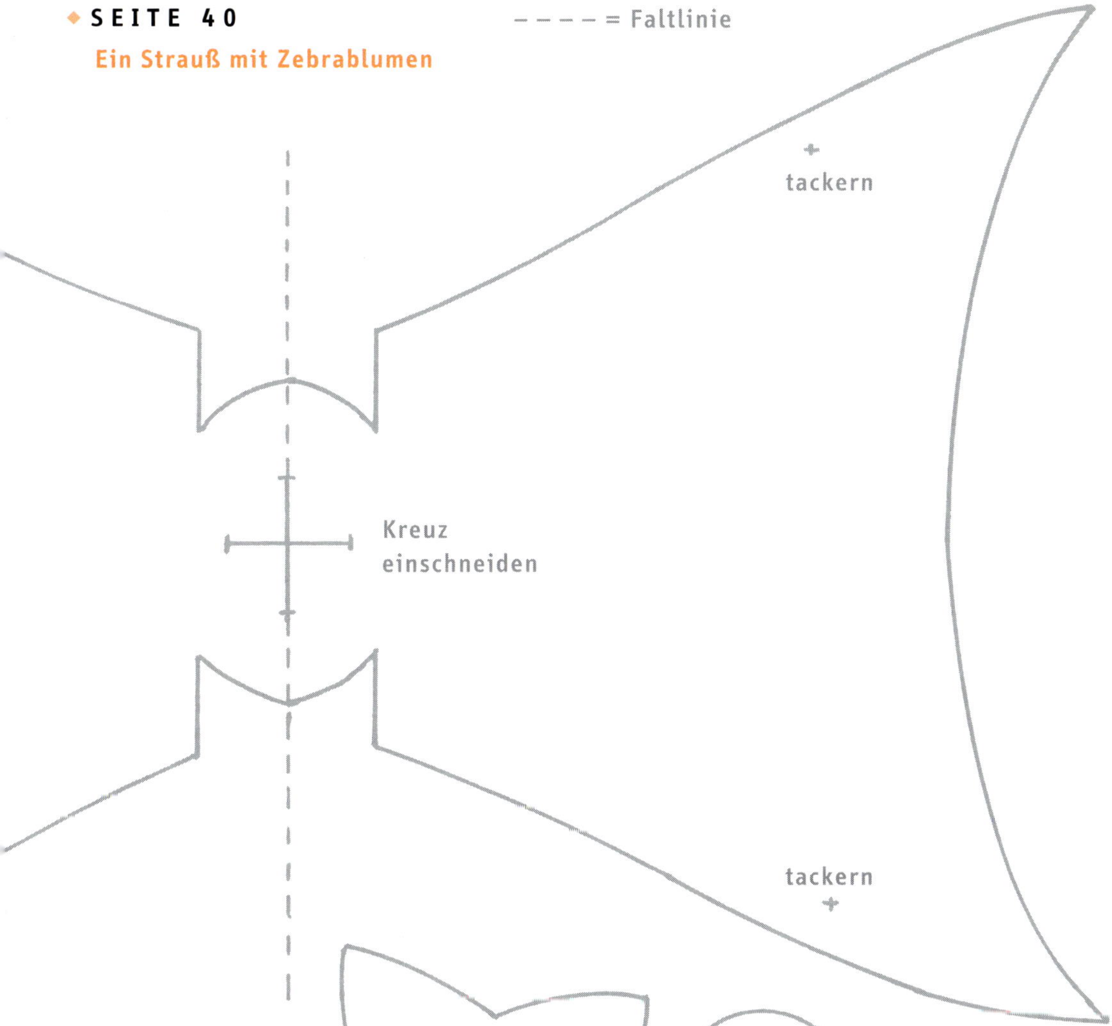

SEITE 38

Wasserzauber

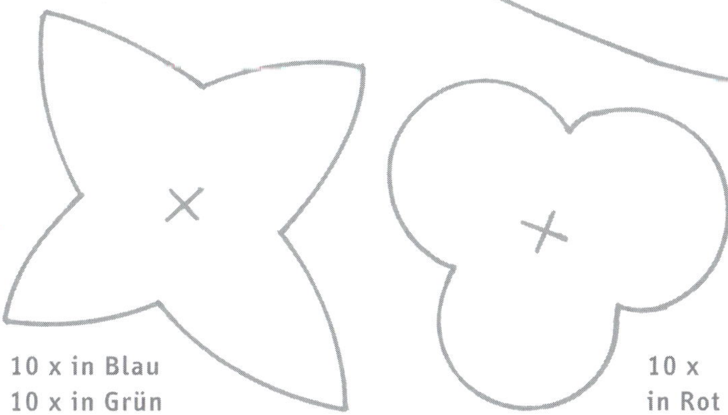

◆ **SEITE 20**

Schmetterlings-Lichter

– – – – = Faltlinie

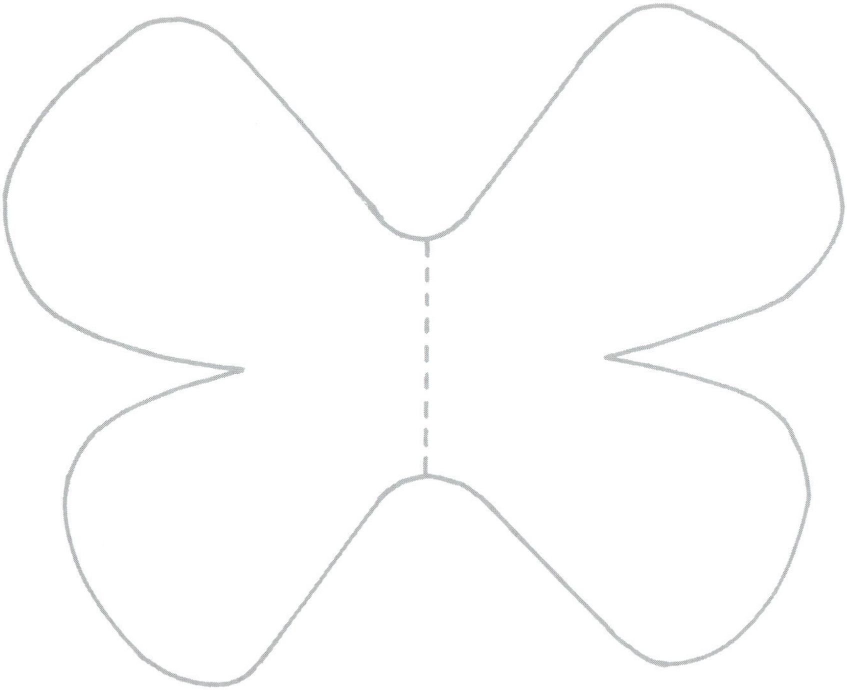

IMPRESSUM

MODELLE: Barbara Huber

© 2004 **frechverlag** GmbH, 70499 Stuttgart

DESIGN-ENTWICKLUNG: independent Medien-Design, 80538 München
FOTOS: frechverlag GmbH, 70499 Stuttgart; Fotostudio Ullrich & Co., Renningen
DRUCK: frechdruck GmbH, 70499 Stuttgart

Mit freundlicher Unterstützung von Rayher Hobby GmbH in Laupheim

Auflage:	5.	4.	3.	2.	1.	
Jahr:	2008	2007	2006	2005	2004	[Letzte Zahlen maßgebend]

ISBN 3-7724-5616-2